Alles mit Sauce!

... ohne fehlt was

Autorin: Susanne Bodensteiner | Fotos: Michael Brauner

Inhalt

Die Theorie

Die Rezepte

Extra

Für doppelten Genuss!

Erst ein Sößchen macht aus Möhren ein Festessen, aus Tiefkühlgarnelen einen trendigen Appetizer und aus Steaks ein Schmankerl aus der Sterneküche. Mit Sauce gehen alle gern eine Liaison ein – ob Fleisch oder Fisch, Süßkartoffel oder süße Beeren.
Saucen haben Kultstatus. Kleine und große Feinschmecker lieben sie. Manche sind blitzschnell zubereitet. Andere brauchen etwas Zeit, damit sich die Aromen aufs Feinste verbinden können. Doch alle bieten das gewisse Extra. Genießen Sie mit! Denn ohne fehlt einfach was ...

Saucen perfekt binden

Mmhh, cremige Saucen!

Saucen selber machen lohnt sich. Denn dann sind die Zutaten garantiert nach Ihrem Geschmack. Fertigprodukte enthalten oft Zusatzstoffe, Geschmacksverstärker oder künstliche Aromen – nichts für Feinschmecker und Allergiker. Damit Ihnen die Saucen schön cremig gelingen, hier ein paar Tipps:

Bindung mit Stärke

Instant-Saucenbinder einfach in kochende Flüssigkeit einrühren, am besten teelöffelweise. Das Pulver besteht aus Stärke, Milchzucker, Maltodextrin und Reismehl, dunkler Saucenbinder enthält noch Farbstoff. Wer das nicht mag, kauft im Bioladen oder Supermarkt *Johannisbrotkernmehl*. Es darf direkt in heiße Flüssigkeit. *Stärkemehl* (aus Mais oder Kartoffel) erst in Wasser oder Wein anrühren, bevor Sie es in die heiße Sauce gießen. Sonst gibt's Klümpchen. Auch *Mehlbutter* hilft, wenn die Sauce zu flüssig ist: Mehl und Butter zu gleichen Teilen verkneten. Flöckchenweise unterrühren. Für alle mit Stärke gebundenen Saucen gilt: immer nochmals aufkochen lassen, dabei kräftig rühren.

1 *Wichtig bei Mehlbutter: Lassen Sie die Sauce noch mal aufkochen.*

Legieren mit Ei

Macht Saucen samtig: Eigelb mit etwas Sahne vermischen, einige Teelöffel heiße Sauce dazurühren. Die Mischung in die Sauce rühren. Vorsicht: Die Sauce darf nicht mehr kochen, sonst gerinnt sie.

Sahniger Genuss

Sahne und Crème fraîche vertragen mit ihren gut 30 % Fett auch hohe Temperaturen. Beim Einköcheln gehen sie mit Saucenfond eine cremige Verbindung ein – nicht gerade zum Abnehmen, aber zum Reinlegen gut! Kühlschrankkalte Sahne nicht in kochende Flüssigkeit schütten. Sie kann gerinnen. Vorsicht auch bei Saucen, die viel Säure, z. B. Zitronensaft, enthalten!

2 *Mitgekochtes und püriertes Gemüse macht Saucen sämig.*

Profi-Montage

Profiköche binden Saucen nur mit Butter. Das »Montieren« gibt Saucen Glanz, macht sie cremig, aber auch unglaublich gehaltvoll. So wird's gemacht: Butter kurz in den Tiefkühler stellen. Saucenfond vom Herd ziehen und eiskalte Butter flöckchenweise einrühren. Dabei den Topf schwenken. Die Sauce darf keinesfalls mehr kochen!

Starke Basis

Für dunkle Fonds 1 kg Kalbsknochen in einer Bratform bei 250° mit wenig Öl im Backofen rösten, gelegentlich wenden. Klein geschnippeltes Wurzelgemüse plus 1 EL Tomatenmark mitrösten, mit 1/2 l Rotwein ablöschen. Flüssigkeit einkochen lassen, erneut Rotwein angießen und reduzieren. In einen Topf umfüllen, Kräuter und Gewürze zugeben. Auf dem Herd mit Wasser bedeckt 3–4 Std. köcheln lassen.

Geflügelfond

FÜR CA. 1 L FOND

➤ 1 kg Geflügelklein (Hals, Flügel, Keulen, Herz)
einige Kalbsknochen
1/2 l Weißwein
1 Zwiebel
2 dicke Bund Suppengrün
1 Lorbeerblatt
einige Stängel Petersilie
2–3 Zweige Thymian
1 EL Pfefferkörner
Salz

TIPP

Fond vollenden

Je stärker Sie den Fond reduzieren – so nennen Profiköche das Einköcheln –, desto intensiver schmeckt er. Das Fett beim heißen Fond mit dünnem Tuch und Eiswürfeln aufsaugen, vom abgekühlten Fond abnehmen. Die Saucenbasis hält sich, gut verschlossen, ca. 1 Woche im Kühlschrank, im Tiefkühler 1/2 Jahr (in Portionen einfrieren).

1 *Geflügelklein und Knochen abspülen, in einem großen Topf mit Wein und Wasser bedecken und zum Kochen bringen. 1/2 Std. köcheln lassen, Schaum mit einer Schaumkelle abnehmen.*

2 *Zwiebel ungeschält halbieren, Schnittfläche in einer Pfanne bräunen. Suppengrün waschen, putzen, schälen und würfeln. Mit Lorbeerblatt, Kräutern und Pfeffer zum Sud geben.*

3 *Sud 1–1 1/2 Std. sanft weiterkochen lassen. In ein Sieb, dann durch ein Mulltuch abgießen. Nochmals aufkochen lassen und auf 1 l reduzieren, dann salzen.*

Profi-Equipment

Pürierstab: Damit können Sie Gemüse, Früchte oder Kräuter gleich im Topf pürieren, Saucen glatt rühren oder Blitz-Mayonnaise zaubern. Beim Kauf darauf achten, dass sich der Pürierstab leicht reinigen lässt und zwei Geschwindigkeitsstufen hat.

Mixer: Helfer aus der Profiküche – nicht so flexibel wie der Pürierstab, dafür standfest und vielseitig. Sein großes Plus: Wenn der Mixer arbeitet, haben Sie beide Hände frei. Im Mixer können Sie nicht nur Saucen fein pürieren und Mayonnaise rühren, sondern auch Nüsse mehlfein mahlen.

Siebe: Saucenprofis brauchen zwei: Ein Haarsieb mit engmaschigem Edelstahlnetz zum perfekten Abgießen von Fonds. Und ein Spitzsieb zum Passieren. Durch die spitze Form entsteht eine Sogwirkung – cremige Flüssigkeit kann so gut ablaufen.

Schneebesen: Mit einem großen Profibesen aus Edelstahl mit dünnen, elastischen Drähten verrühren Sie Saucen einfach perfekt, am besten in einer großen Edelstahlschüssel. Beim Kauf darauf achten, dass die Schlaufen im Griff fest verankert sind. Gibt's auch als Aufsatz für den Pürierstab.

Topf und Pfanne: Profis reduzieren Fonds in v-förmigen Kupfertöpfen. Das Material leitet Wärme, die Form sorgt für schnelles Verdampfen der Kochflüssigkeit. Eine weite Pfanne tut's auch. Zum Garen und Dünsten: ein Topf mit dicht schließendem Deckel, damit sich das Aroma nicht in Luft auflöst.

Sauciere & Co.: Es muss nicht immer Omas Sauciere sein. Auch in Müslischalen, Suppentassen, Milchkännchen oder hohen Edelstahltöpfchen mit Ausgießtülle kommt Sauce gut an. Heiße Sauce auf einen Rechaud stellen. Aus der Apotheke: Abdampfschalen aus Porzellan für Dips.

Basis-Zutaten aus dem Supermarkt

Wein: Nicht den billigsten nehmen. Das schmecken Sie raus. Wählen Sie lieber einen, den Sie später zur Sauce genießen möchten. Wein immer einköcheln lassen. Das konzentriert den Geschmack. Guter Ersatz sind Fond und ein Schuss Sherryessig.

Sahne und Crème fraîche: Sie machen Saucen schön cremig und üppig. Mit mindestens 30 % Fett dürfen beide mitkochen. Crème fraîche wird wie Joghurt mit Milchsäurebakterien gesäuert und sorgt für frischen Geschmack. Schaumig wird die Sauce mit geschlagener Sahne.

Fond aus dem Glas: Damit sparen Sie sich das Reduzieren. Die Fonds aus dem Supermarkt sind nicht ganz billig. Sie haben die Wahl: von Geflügel-, Gemüse- und Bratenfond bis hin zu Fonds von Lamm, Wild oder Gans. Auf die Zutatenliste achten: Viele Fonds enthalten Geschmacksverstärker.

Instantbrühe: Die Produkte enthalten Fleischextrakt, wenn der Name auf Fleisch verweist (Rindfleisch- statt Delikatess-Brühe). Außerdem: tierische und pflanzliche Fette, Gemüse, Kräuter, Gewürze und viel Salz. In Bioladen und Reformhaus gibt's Brühen ohne Geschmacksverstärker.

Kokosmilch: Nehmen Sie die cremig-flüssige Zubereitung aus Kokosnuss-Fleisch und Wasser oder Milch für süße und pikante Saucen – ungesüßt und ohne Konservierungsstoffe (verrät das Etikett). Ist im Asialaden und im Supermarktregal für exotische Spezialitäten erhältlich.

Pürierte Tomaten: Fruchtiger Kick für schnelle Saucen. Es lohnt sich, ein paar Cent mehr auszugeben: Für original italienische »Passata Rustica« werden fein gehackte Tomaten nach traditioneller Art in Flaschen eingemacht: Sonnenaroma pur! Beim italienischen Feinkosthändler.

Low-Fat-Tipps

Klassiker light

➤ Verwenden Sie hochwertige, aromatische Öle. Dann können Sie bei *Vinaigrette* einen Teil des Fetts durch Gemüsebrühe ersetzen. Wenn Sie milden Essig verwenden, braucht die Sauce auch weniger Öl. Leichte Säure und viel Geschmack bietet z. B. in Holzfässern gereifter Aceto balsamico. Für eine schlanke *Béchamel* Mehl in Öl anschwitzen, das spart tierisches Fett. Fettarme Milch und Gemüsebrühe angießen statt Milch und Sahne.

Abspecken!

➤ Wählen Sie bei Milchprodukten die Light-Version: statt Sahnejoghurt mageren, statt Crème fraîche Crème légère, statt Schmand saure Sahne. Sahne mit Milch verdünnen. Und so schmeckt bei Joghurtsauce auch die fettarme Variante: mit dem Schneebesen schön cremig rühren und eventuell etwas stärker würzen. Bei warmen Saucen fettarme Milchprodukte nicht mitkochen lassen, sie flocken aus. Sauce erst vom Herd ziehen, dann einrühren.

Spar-Pfanne

➤ Legen Sie sich eine beschichtete Pfanne zu. Darin können Sie in ganz wenig Öl (schon 1 TL reicht) Saucen-Gewürze und Saucen-Zutaten anbraten, dünsten oder rösten – von Fenchelsamen bis zu Zwiebelwürfeln.

Sauce entfetten

➤ Eiswürfel in ein dünnes Tuch wickeln und auf die Sauce tupfen: Überflüssiges Fett erstarrt und lässt sich leicht entfernen. Oder heiße Saucen abkühlen lassen, Fett einfach abheben. Praktisch: ein Saucenkännchen mit tief angesetzter Tülle. Damit lässt sich die würzige Sauce ganz einfach vom oben schwimmenden Fett trennen.

Schlanke Alternativen

➤ Neu im Supermarkt: Cremefine besteht aus pflanzlichen Fetten und Milch. Mit der flüssigen Creme lässt sich Sahne ersetzen. Wer ganz auf tierische Fette verzichten will, wählt Creme Cuisine. Sie wird aus Soja hergestellt und kann wie Crème fraîche verwendet werden. Im Bioladen gibt's außerdem Sahneersatz auf Haferbasis. Die Produkte dürfen wie ihre fettreichen Vorbilder mitgekocht werden.

Low-Fat-Bindung

➤ Sämige Sauce mit wenig Fett gewünscht? Dann Butter und Eigelb im Kühlschrank lassen! Stattdessen fein geriebene Kartoffel in die Sauce rühren und kurz mitkochen – Bindung ohne Mehl und Fett. Bei dunklen Saucen sorgt ein Löffel Tomatenmark für eine cremigere Konsistenz. Oder Gemüsewürfelchen im Fond mitgaren, Sauce anschließend pürieren. Für kräftigen Geschmack Sellerie und Lauch mitkochen.

Das schmeckt dazu!

’olenta-Streifen

ür 4 Portionen 1/4 l Milch ınd 1/2 l milde Gemüse-)rühe in einem hohen ’opf aufkochen lassen. .50 g Polentagrieß nach ınd nach einrühren, dann)ei schwacher Hitze .5–20 Min. quellen las-,en, dabei immer mal rüh-en. 2 Frühlingszwiebeln)utzen, waschen, fein ıacken und in 1 EL Oliven-il dünsten. Mit 50 g Par-nesan und 1 EL Butter ınter die heiße Polenta ühren. Masse fingerdick n eine geölte Form strei-:hen, abkühlen lassen. ’olenta stürzen und in ;treifen schneiden. Vor lem Servieren auf einem ;eölten Backblech unter lem vorgeheizten Grill ;–9 Min. grillen.

Reis & Bulgur

Für 4 Portionen 250 g Basmati-Reis in einem Sieb waschen, bis das Wasser klar abläuft. Mit Wasser bedeckt 30 Min. einweichen. Den Reis abgießen, mit 1/2 l frischem Wasser aufkochen lassen, zugedeckt bei schwacher Hitze in 15 Min. garen, bis das Wasser aufgesogen ist.

Bulgur, die orientalische Hartweizenspezialität, ist bereits vorgekocht, gart deshalb schneller als Reis: Für 4 Portionen 200 g Bulgur in ca. 400 ml kochend heißes Wasser einrühren und bei schwacher Hitze in 10–12 Min. quellen lassen.

Kartoffel-Wedges

Ofen auf 200° (Umluft 180°) vorheizen. Für 4 Portionen 800 g größere fest kochende Kartoffeln waschen, abbürsten, abtrocknen und längs halbieren. Jede Hälfte in vier Schnitze schneiden. 3 EL Olivenöl mit 1 TL Meersalz, 1 Msp. Cayennepfeffer und nach Wunsch mit etwa 1 Prise gemahlenem Kreuzkümmel verrühren. Kartoffelschnitze mit dem Würzöl mischen. Ein Blech mit Backpapier belegen. Kartoffeln mit der Schale nach unten darauf setzen. Im heißen Ofen (Mitte) in 20–25 Min. garen. Eventuell kurz den Grill zuschalten. Fein zu kalten Dips und Salsas.

Kartoffelgratin

Ofen auf 180° vorheizen. Für 4 Portionen 800 g Kartoffeln schälen, in hauchdünne Scheiben hobeln. Eine weite Quicheform mit 1 geschälten Knoblauchzehe einreiben und buttern. Kartoffeln trockentupfen, dachziegelartig in die Form schichten und salzen. 100 g Sahne und 200 ml Milch mit Salz, Pfeffer und Muskat würzen, aufkochen lassen, darüber gießen (Scheiben nicht ganz bedecken). 1 TL Butter in Flöckchen obenauf setzen. Kartoffeln im heißen Ofen (Mitte, Umluft 160°) in 1 Std. weich garen, bis die Oberfläche leicht gebräunt ist.

Frisch! Gemüse mit Sauce

Vegetarisch genießen? Aber bitte mit Sauce! Denn damit wird Gemüse von Artischocken bis Zuckerschoten zum doppelten Genuss – auch für kleine Genießer. Dazu Ciabatta, Baguette oder knuprig aufgebackenes Fladenbrot, und schon vermisst niemand mehr Fleisch.

Blitzrezepte

Zucchini mit warmer Honig-Vinaigrette

FÜR 4 PERSONEN

➤ 4 zarte Zucchini | 6–7 EL Olivenöl | 1 EL Thymianblättchen | 1 EL Akazienhonig 2 1/2 EL Aceto balsamico | Salz Pfeffer

1 | Zucchini waschen, putzen, längs vierteln und quer halbieren. In 1 EL Öl in 3–4 Min. rundum anbraten, mit Thymian bestreuen. Aus der Pfanne nehmen, salzen, pfeffern und in eine flache Schale legen.

2 | Honig in der Pfanne hellbraun werden lassen, vom Herd ziehen. Essig unterrühren. Übriges Öl unterschlagen. Sauce mit Salz und Pfeffer kräftig würzen und über die Zucchini gießen. Lauwarm servieren oder abkühlen und ziehen lassen.

Kohlrabi mit Zitronencreme

FÜR 4 PERSONEN

➤ 2–3 junge Kohlrabi mit Grün (ca. 600 g) 100 ml Gemüsebrühe | 2 EL Crème fraîche | je 1 EL Saft und Schale von 1 Bio-Zitrone | Salz | Pfeffer Muskatnuss, frisch gerieben

1 | Kohlrabi putzen, schälen und in Scheiben schneiden, zartes Kohlrabigrün fein hacken. Brühe aufkochen lassen. Kohlrabi darin in 4–6 Min. garen. Herausheben und warm stellen.

2 | Crème fraîche in den Sud rühren, cremig einköcheln lassen. Vom Herd ziehen, Zitronenschale und Kohlrabigrün einrühren. Mit Saft, Salz, Pfeffer und Muskat würzen, über den Kohlrabi gießen.

endlich Frühling!

Spargel mit Mascarpone-Rucola-Sauce

FÜR 4 PERSONEN

- **1,5 kg weißer Spargel**
  1 TL Zucker
  1 TL Butter
- **Für die Sauce:**
  1 dicke Frühlingszwiebel
  1/2 Bund Rucola
  1 EL Butter
  1/8 l Prosecco (ersatzweise Gemüsefond)
  2–3 EL Mascarpone
- **Salz | Pfeffer**
  Muskatnuss, frisch gerieben

Zubereitung: 30 Min.

- Pro Portion ca.: 125 kcal

1 | Spargel waschen, schälen und holzige Enden abschneiden. Inzwischen reichlich Wasser aufkochen lassen. Das sprudelnd kochende Wasser mit 1 TL Salz, Zucker und Butter würzen. Spargel darin je nach Dicke 10–15 Min. kochen lassen.

2 | Inzwischen für die Sauce die Frühlingszwiebel putzen, waschen und mit dem Grün sehr fein hacken. Rucola waschen, trockenschütteln und ohne die groben Stiele fein schneiden. Butter heiß werden lassen. Frühlingszwiebel darin 3–4 Min. andünsten.

3 | Prosecco und etwas Spargelwasser dazugeben und um ein Drittel einkochen lassen. 2 EL Mascarpone einrühren und die Sauce sämig einköcheln lassen, eventuell noch etwas Mascarpone unterrühren. Rucola dazugeben. Die Sauce kräftig mit Salz, Pfeffer und Muskat abschmecken. Spargel abgießen und mit der Mascarponesauce servieren.

- Beilage: Salzkartoffeln

TIPPS

So schmeckt der Frühling

- Gönnen Sie sich das feine Gemüse, wenn es bei uns Saison hat: von Mitte April bis zum 24. Juni. Frisch gestochene Stangen bevorzugen. Sie sind fest und quietschen, wenn man sie aneinander reibt.
- Kaufen Sie ruhig eine größere Menge, wenn Sie günstig Spargel aus der Region entdecken. Die Stangen bleiben, in ein feuchtes Tuch gewickelt, 1–2 Tage im Kühlschrank knackig.
- Kombinieren Sie Spargel auch mal würziger mit **Kräuter-Kapern-Sauce:** 1 kleine rote Zwiebel schälen und sehr fein hacken. 1 dickes Bund gemischte Kräuter für grüne Sauce waschen. Die Blättchen abzupfen und mit 1 EL Kapern fein hacken. Mit Zwiebeln, 1 EL Weißweinessig, 1 TL Dijon-Senf und 3 EL kalt gepresstem Sonnenblumenöl verrühren. Salzen und pfeffern.
- Lieben Sie es klassisch? Für **Hollandaise** 150 g Butter schmelzen und aufkochen lassen. Vom Herd ziehen, damit die Molke sich absetzen kann. Ein Wasserbad (siehe Seite 43) vorbereiten. 3 zimmerwarme Eigelbe mit 1 EL Weißwein oder Spargelwasser, Salz und Pfeffer neben dem Herd in einer Edelstahlschüssel verrühren, über dem heißen Wasserbad weiß-schaumig schlagen. Flüssige Butter bis auf den Molkerest nach und nach unterrühren. Sauce mit Weißwein, Salz und Pfeffer abschmecken.

MADE IN
GERMANY

super vorzubereiten

Ofenkartoffeln mit Stippe

FÜR 4 PERSONEN

➤ **Für die Stippe:**
2 dünne Scheiben durchwachsener Räucherspeck (ca. 80 g)
3 Schalotten
1 Bund Petersilie
1 EL Sonnenblumenöl
150 g Joghurt
150 g Crème fraîche
Salz | Cayennepfeffer
gemahlener Kümmel

➤ **Für die Kartoffeln:**
800 g kleine Bio-Kartoffeln
2 EL Sonnenblumenöl
1 EL grobes Meersalz

Zubereitung: 25 Min.
Backzeit: ca. 30 Min.
➤ Pro Portion ca.: 450 kcal

1 | Für die Stippe Speck ohne Schwarte und Knorpel winzig klein würfeln. Schalotten schälen, fein würfeln. Petersilie waschen, trockenschütteln, Blättchen fein hacken.

2 | Öl heiß werden lassen. Speck darin etwas auslassen, mit Schalotten und Kräutern 3–4 Min. dünsten. 1 EL Wasser dazugeben. Mischung in einem Schälchen kalt stellen.

3 | Joghurt und Crème fraîche glatt rühren. Abgekühlte Speckmischung unterrühren. Mit Salz, Cayennepfeffer und Kümmel kräftig würzen.

4 | Ofen auf 200° vorheizen. Kartoffeln waschen, abbürsten, abtrocknen und halbieren. Backblech mit Öl bepinseln, mit Meersalz bestreuen. Kartoffeln mit der Schnittfläche nach unten darauf setzen. Im Ofen (Mitte, Umluft 180°) in 25–30 Min. garen. Mit Stippe servieren.

➤ Beilage: Rohkost aus Möhren, Kohlrabi und Chicorée

Vitamin-Kick im Winter

Süßkartoffelchips mit Avocadosauce

FÜR 4 PERSONEN

➤ **Für die Avocadosauce:**
2–3 Stängel Koriandergrün (ersatzweise Basilikum)
1/2 getrocknete Chilischote
2 kleine weiche Avocados
2 EL Limettensaft
3 EL saure Sahne

➤ **Salz | Chilipulver**

➤ **Für die Chips:**
600 g Süßkartoffeln
Öl zum Ausbacken

Zubereitung: 25 Min.
➤ Pro Portion ca.: 370 kcal

1 | Für die Sauce Koriandergrün waschen und trockenschütteln, Blättchen fein hacken. Chilischote entkernen und fein zerkrümeln. Avocados halbieren, Steine entfernen, Fruchtfleisch mit einem Löffel herauslösen. Sofort mit Limettensaft und Sahne pürieren. Mit Koriander und Chili verrühren, mit Salz und Chilipulver würzen.

2 | Süßkartoffeln schälen und in 2–3 mm dünne Scheiben schneiden. Öl in einer großen Pfanne erhitzen. Kartoffelscheiben portionsweise nebeneinander hineingeben, in 2–3 Min. goldbraun ausbacken, dabei mehrmals wenden. Chips auf Küchenkrepp entfetten, leicht salzen und heiß mit der Sauce servieren.

➤ Beilage: knusprig aufgebackenes Fladenbrot

im Bild vorne: **Ofenkartoffeln mit Stippe** *im Bild hinten:* **Süßkartoffelchips mit Avocadosauce** ➤

feine Vorspeise

Artischocken mit Sellerie-Salsa

FÜR 4 PERSONEN

- **2 EL Limettensaft**
  4 dicke Artischocken
- **Für die Salsa:**
  4 Stangen Staudensellerie
  1 grüne Chilischote
  3 EL Limettensaft
  gemahlener Kreuzkümmel
  6 EL hochwertiges Olivenöl
- **Salz | Pfeffer**

Zubereitung: 50 Min.
- Pro Portion ca.: 160 kcal

1 | Reichlich Wasser mit Limettensaft und 1 TL Salz aufkochen lassen. Artischocken auf eine Tischkante legen, Stiel mit einem Ruck abbrechen (so bleiben keine harten Fasern im Artischockenherz). Äußere Blätter entfernen. Die Artischocken im kochenden Wasser ca. 30 Min. garen, abgießen und abkühlen lassen.

2 | Für die Sauce Sellerie waschen, schälen und superfein würfeln. Zartes Grün hacken. Chilischote putzen, entkernen, waschen und fein hacken. Limettensaft mit Salz, Pfeffer und 1 Prise Kreuzkümmel verquirlen. Öl unterschlagen, Selleriewürfel, Blättchen und Chili unterrühren. Mit Salz und Pfeffer abschmecken. Zu den Artischocken servieren. Bei Tisch Artischockenblättchen abzupfen, in die Salsa dippen und genießen. Zum Schluss Artischockenboden vom Heu befreien und mit restlicher Salsa essen.

- Beilage: Fladenbrot

Kinderliebling

Brokkoli mit Fontinasauce

FÜR 4 PERSONEN

- **Salz | 1 Brokkoli (ca. 700 g)**
- **Für die Käsesauce:**
  100 g Fontinakäse
  1/4 l Gemüsebrühe
  1/4 l Milch
  1 Knoblauchzehe
  20 g Butter | 20 g Mehl
  Cayennepfeffer | Salz
  Muskatnuss, frisch gerieben

Zubereitung: 40 Min.
- Pro Portion ca.: 180 kcal

1 | Reichlich Salzwasser aufkochen lassen. Brokkoli putzen, waschen und in kleine Röschen teilen. Den dicken Stiel schälen, würfeln und 2 Min. kochen lassen. Röschen dazugeben und in 4–6 Min. bissfest kochen, dann abgießen.

2 | Für die Sauce Käse ohne Rinde klein würfeln. Brühe und Milch erhitzen. Knoblauch schälen und anquetschen. Butter schmelzen lassen. Mehl einrühren, aber nicht bräunen. Nach und nach die heiße Milchmischung unterrühren und unter ständigem Rühren zum Kochen bringen.

3 | Knoblauch dazugeben, die Sauce offen in 3–4 Min. unter Rühren leicht sämig einkochen lassen. Falls nötig, etwas Wasser unterrühren. Knoblauch rausfischen. Nach und nach Käse einrühren, bis eine dicke Sauce entsteht. Mit wenig Cayennepfeffer, Salz und Muskat würzen und sofort zum Brokkoli servieren.

- Beilage: Bratkartoffeln

◄ *im Bild vorne:* **Brokkoli mit Fontinasauce** *im Bild hinten:* **Artischocken mit Sellerie-Salsa**

Sommerhit

Ofengemüse mit Schnittlauch-Schmand

FÜR 4 PERSONEN

➤ 3 EL Sonnenblumenöl
1 Bund Petersilie
2 gelbe Paprikaschoten
1 dünne Stange Lauch
2 zarte Zucchini
1 Fleischtomate
➤ Für den Schmand:
200 g Schmand
100 g Joghurt
1 Bund Schnittlauch
➤ Salz | Pfeffer

Zubereitung: ca. 50 Min.
➤ Pro Portion ca.: 220 kcal

1 | Backofen auf 200° vorheizen. Eine Quicheform mit 1 EL Öl bepinseln. Petersilie waschen und trockenschütteln. Blättchen hacken und mit 1 TL Salz und Pfeffer mischen. Gemüse separat waschen, putzen, in mundgerechte Stücke schneiden und jeweils mit etwas Petersilienmischung würzen.

2 | Paprikastücke, Lauch und Zucchini nebeneinander in die Form legen. Tomatenstückchen darüber streuen. Mit übrigem Öl beträufeln und im Ofen (Mitte, Umluft 180°) 25–30 Min. garen.

3 | Für die Sauce Schmand und Joghurt mit 1–2 EL Wasser glatt rühren. Schnittlauch waschen, in Röllchen schneiden und unterrühren. Schmand mit Salz und Pfeffer würzen. Gemüse heiß oder lauwarm mit dem Schmand servieren.

➤ Beilage: Blattsalate und Baguette oder Polenta-Streifen (Rezept S. 9).

macht was her

Sonntagsgemüse mit Safranschaum

FÜR 4 PERSONEN

➤ 200 g Zuckerschoten
500 g grüner Spargel
200 g Möhren
➤ Für den Safranschaum:
1–2 Msp. Safranpulver
2 EL Weißwein (ersatzweise Orangensaft)
2 frische Eigelbe (Größe M)
200 g Sahne
➤ Salz | Pfeffer

Zubereitung: 35 Min.
➤ Pro Portion ca.: 260 kcal

1 | Reichlich Salzwasser aufkochen lassen. Zuckerschoten, Spargel und Möhren waschen. Spargel im unteren Drittel schälen, holzige Enden abschneiden. Spargelspitzen abschneiden. Stangen längs halbieren und in ca. 5 cm lange Stücke schneiden. Möhren schälen, längs vierteln und in ca. 5 cm lange Stücke schneiden. Für die Sauce ein Wasserbad vorbereiten (S. 43). Das Gemüse im kochenden Wasser in 4–5 Min. bissfest blanchieren.

2 | Für die Sauce Safran im Wein auflösen. Eigelbe und Sahne in einer Edelstahlschüssel verrühren. Über dem heißen Wasserbad rühren, bis die Sauce dickflüssig und schaumig ist. Safranwein tropfenweise unterrühren. Sauce mit Salz und Pfeffer abschmecken.

3 | Gemüse abgießen, mit Salz und Pfeffer würzen und mit der Sauce servieren.

➤ Beilage: Salzkartoffeln

im Bild vorne: **Sonntagsgemüse mit Safranschaum** *im Bild hinten:* **Ofengemüse mit Schnittlauch-Schmand** ➤

kräuterfrischer Snack

Gegrillte Auberginen mit Minz-Mandel-Sauce

FÜR 4 PERSONEN

- 2–3 Auberginen
  6 EL Olivenöl
- Für die Sauce:
  2 Bund Minze
  2 Knoblauchzehen
  2 EL Mandelstifte
  4 EL Olivenöl
  ca. 50 ml heiße Gemüsebrühe
- Salz | Pfeffer

Zubereitung: 20 Min.
- Pro Portion ca.: 250 kcal

1 | Auberginen waschen, putzen, längs in fingerdicke Scheiben schneiden. Backofengrill vorheizen. Blech mit 2 EL Öl bepinseln. Auberginenscheiben darauf verteilen, mit übrigem Öl beträufeln. Salzen, pfeffern und unter dem heißen Grill 5 Min. grillen, wenden, salzen, pfeffern und weitere 5 Min. grillen.

2 | Inzwischen für die Sauce die Minze waschen und trockenschütteln, die Blättchen abzupfen. Knoblauch schälen und mit Minzeblättchen, Mandelstiften, Öl und 5–7 EL Brühe im Mixer fein pürieren. Auberginen aus dem Ofen nehmen. Bratflüssigkeit nach Belieben zur Sauce gießen. Bei Bedarf noch etwas Brühe unterrühren. Sauce mit Salz und Pfeffer abschmecken und sofort zu den heißen Auberginen servieren.

- Beilage: Fladenbrot

aus dem Piemont

Knabbergemüse mit Bagna Cauda

FÜR 4 PERSONEN

- 4 Stangen Staudensellerie
  1 gelbe Paprikaschote
  je 2 zarte Bundmöhren und Zucchini
  2 Strauchtomaten
  1/2 Bund Radieschen
- Für die Sauce:
  8–9 Sardellenfilets in Öl
  3–4 Knoblauchzehen
  150 ml Olivenöl
  2 EL Butter | 1 Spritzer Zitronensaft | Pfeffer

Zubereitung: 40 Min.
- Pro Portion ca.: 305 kcal

1 | Gemüse separat waschen, putzen, falls nötig schälen und in mundgerechte Stücke, Streifen oder Stifte schneiden. Auf einer Platte nebeneinander arrangieren.

2 | Für die Sauce Sardellen abspülen, abtropfen lassen, fein hacken und mit einer Gabel zerquetschen. Knoblauch schälen. 3 EL Olivenöl in einem Topf erwärmen. Den Knoblauch dazupressen und 2–3 Min. unter Rühren bei schwacher Hitze andünsten. Übriges Öl nach und nach einrühren und vorsichtig erhitzen, so dass der Knoblauch nicht verbrennt.

3 | Nach und nach die Sardellen mit einem Schneebesen ins Öl rühren, bis sie sich aufgelöst haben. Die Butter unterrühren. Die leicht cremige Sauce mit Zitronensaft und Pfeffer abschmecken und auf einem Rechaud auf den Tisch stellen. Gemüse mit einer Gabel aufspießen und in die Sauce tauchen. Oder auf Tellern mit Sauce beträufeln.

- Beilage: reichlich Ciabatta

im Bild vorne: Gegrillte Auberginen mit Minz-Mandel-Sauce *im Bild hinten:* Knabbergemüse mit Bagna Cauda ➤

Fein! Fisch und Meeresfrüchte mit Sauce

Ob mit mediterranen Aromen, klassischer Würze oder exotischer Raffinesse: Fisch und Meeresfrüchte baden einfach gern in Sauce – zur Freude der Feinschmecker! Lassen Sie Garnelen mal in leckerer Zitronen-Mayo, Rotbarsch in leichter Joghurt-Remoulade und Doraden in fenchelwürziger Tomatensauce schwimmen.

Blitzrezepte

Fischfilets mit Senf-Sahne

FÜR 4 PERSONEN

➤ **4 Kabeljaufilets (à 150 g) | Salz Pfeffer | 2 EL Zitronensaft | 400 ml Fischfond (Glas) | 1 EL Butter | 1 EL Mehl | 100 g Sahne | 1 EL körniger Senf (ersatzweise Dijon-Senf)**

1 | Kabeljau salzen, pfeffern, mit etwas Zitronensaft beträufeln. Für die Sauce Fond aufkochen lassen. Filets darin bei schwacher Hitze 10–15 Min. ziehen lassen. Herausnehmen und warm stellen.

2 | Butter schmelzen lassen. Mehl einrühren und nach und nach Fischsud und Sahne unterrühren. Offen in 10–12 Min. cremig einköcheln lassen. Mit Senf, Salz und Pfeffer würzen, zum Fisch servieren.

Garnelen mit Zitronen-Mayo

FÜR 4 PERSONEN

➤ **250 g TK-Riesengarnelen | Meersalz 1 frisches Ei | 2 EL Saft und 1 TL Schale von 1 Bio-Zitrone | 150 ml Sonnenblumenöl | 1 Knoblauchzehe 1 EL gehackte Zitronenmelisse 2 EL Joghurt | Cayennepfeffer**

1 | Garnelen auftauen lassen, kalt abwaschen und in kochendem Salzwasser 3 Min. blanchieren. Eiskalt abschrecken.

2 | Ei mit 1 TL Salz und Zitronensaft mit dem Pürierstab verrühren. Nach und nach Öl untermixen. Knoblauch schälen und dazudrücken. Zitronenmelisse, Zitronenschale und Joghurt unterrühren. Mit Salz und Cayennepfeffer würzen.

aus der Bistroküche

Rotbarsch mit Ratatouille-Coulis

FÜR 4 PERSONEN

➤ **Für die Coulis:**
- je 1 kleine Aubergine und gelbe Paprikaschote
- 1 kleiner Zucchino
- 1 Zweig Rosmarin
- 2 EL Olivenöl
- 1 Knoblauchzehe
- 200 g pürierte Tomaten (s. Seite 7)
- 1 TL Honig

➤ **Für den Fisch:**
- 600 g dickeres Rotbarschfilet
- 1 EL Olivenöl

➤ Salz | Pfeffer

Zubereitung: 40 Min.
➤ Pro Portion ca.: 250 kcal

1 | Aubergine, Paprikaschote und Zucchino waschen, putzen und winzig klein würfeln. Rosmarin waschen, Nadeln abstreifen und hacken. Öl erhitzen, Gemüse darin bei starker Hitze unter Rühren anbraten. Knoblauch schälen und dazupressen, Rosmarin darüber streuen.

2 | Mit 50 ml Wasser und pürierten Tomaten ablöschen, kräftig salzen und pfeffern und zugedeckt 15–20 Min. schmoren lassen. Sauce grob zerdrücken, mit Honig, Salz und Pfeffer würzen.

3 | Fisch waschen, trockentupfen, salzen, pfeffern. In 4 Stücke schneiden. Öl erhitzen, Fisch beidseitig kurz anbraten. Auf die Sauce legen. Zugedeckt bei schwacher Hitze 6–8 Min. ziehen lassen.

ganz einfach edel

Lotte mit Gemüse-Sauce

FÜR 4 PERSONEN

➤ **Für die Sauce:**
- 1 dünne Stange Lauch
- 1 Möhre
- 1 Stange Staudensellerie
- 1 EL Butter
- 200 ml Fischfond (Glas)
- 200 ml Weißwein
- 1–2 Msp. Safranpulver
- 1–2 EL Crème fraîche
- 1 TL Honig

➤ **Für den Fisch:**
- 600 g Seeteufelfilet (Lotte)
- 1 EL Butter

➤ Salz | Pfeffer

Zubereitung: 45 Min.
➤ Pro Portion ca.: 245 kcal

1 | Lauch putzen, halbieren und gründlich waschen. Möhre putzen und schälen. Sellerie waschen und putzen. Gemüse in sehr feine Streifen schneiden.

2 | Butter schmelzen lassen, das Gemüse darin andünsten. Fond, Wein und Safran dazugeben, aufkochen lassen. Gemüse in 2–3 Min. knapp bissfest garen, die Hälfte herausnehmen, beiseite legen.

3 | Rest in 6–8 Min. garen, im Sud pürieren und in einen zweiten Topf passieren. Crème fraîche unterrühren. Sauce aufkochen, eventuell etwas einköcheln lassen. Mit Honig, Salz und Pfeffer würzen. Übriges Gemüse einrühren.

4 | Fisch salzen, pfeffern, in 4 Stücke teilen. Die Butter schmelzen lassen, Fisch darin 4–5 Min. dünsten, dabei vorsichtig wenden. Auf Tellern anrichten. Die Sauce aufkochen lassen und über den Filets verteilen.

➤ Beilage: Kartoffelpüree

im Bild vorne: Rotbarsch mit Ratatouille-Coulis *im Bild hinten:* Lotte mit Gemüse-Sauce ➤

kräuterfrisch

Fischbuletten auf Basilikum-Kartoffel-Sauce

FÜR 4 PERSONEN

- 2 dicke Frühlingszwiebeln
  1 Knoblauchzehe
  3 EL Olivenöl
  500 g Kabeljaufilet
  100 g Sahne | 1 Ei
  3 EL Semmelbrösel
  1 EL Zitronensaft
- Für die Sauce:
  1 Bund Frühlingszwiebeln
  1 Knoblauchzehe
  1 kleine mehlig kochende Kartoffel (ca. 60 g)
  1 EL Olivenöl
  100 ml Fischfond (Glas)
  100 ml trockener Weißwein (ersatzweise Gemüsebrühe)
  1 dickes Bund Basilikum
  1/2 Bio-Zitrone
- Salz | Pfeffer

Zubereitung: 1 Std.
- Pro Portion ca.: 320 kcal

1 | Frühlingszwiebeln putzen, waschen und sehr fein hacken. Knoblauch schälen und dazupressen. Öl erhitzen, beides darin 3–5 Min. dünsten, etwas abkühlen lassen.

2 | Kabeljaufilet in winzige Würfel schneiden und mit der Zwiebel-Knoblauch-Mischung, Sahne, Ei und Semmelbröseln vermischen. Masse mit Salz, Pfeffer und Zitronensaft würzen, 20 Min. kalt stellen.

3 | Für die Sauce Frühlingszwiebeln putzen, waschen und hacken. Knoblauch und Kartoffel schälen und klein würfeln. Alles im heißen Öl andünsten. Fond und Wein dazugießen, aufkochen lassen und zugedeckt 10–12 Min. dünsten.

4 | Ofen auf 180° (Umluft 160°) vorheizen. Eine flache Form mit wenig Öl bepinseln. Fischmasse zu 12 Bällchen formen, diese etwas flach drücken und im restlichen Öl je 1 Min. von jeder Seite anbraten. Buletten in die Form setzen, im Ofen (Mitte) in 6–8 Min. fertig garen.

5 | Basilikum waschen und trockenschütteln, Blättchen grob hacken. Zitronenhälfte waschen, 1 TL Schale abreiben, den Saft auspressen. Basilikum in einen hohen Becher geben.

6 | Fond mit Kartoffel-Zwiebel-Mischung aufkochen lassen. Mit dem Basilikum in dem Becher fein pürieren. Zitronenschale unterrühren. Sauce mit Zitronensaft, Salz und Pfeffer würzen und mit den Buletten servieren.

- Beilage: Kartoffeln, Reis oder Baguette

TIPPS

- Ist die Sauce nach dem Pürieren zu dickflüssig? Dann gießen Sie einfach noch etwas Fischfond oder Weißwein dazu.
- Fingerfood der feinen Art: Die Fischbuletten schmecken auch solo sehr gut.
- Lieben Sie's würzig-herb? Dann bereiten Sie die Kartoffel-Sauce doch mal mit Rucola statt mit frischem Basilikum zu.

kleine Vorspeise

Lachs mit Senf-Honig-Sauce

FÜR 4 PERSONEN

➤ 2 dünne Zucchini
1 Stange Staudensellerie
2 zarte Möhren
4 Scheiben Graved Lachs (ersatzweise Räucherlachs)

➤ Für die Senfsauce:
2–3 Stängel Dill
1 EL Dijon-Senf
1 EL Honig
3–4 EL Sonnenblumenöl
1 /2–1 TL Weißweinessig

➤ Salz | Pfeffer

Zubereitung: 30 Min.
➤ Pro Portion ca.: 180 kcal

1 | Reichlich Salzwasser aufkochen lassen. Zucchini und Sellerie waschen und putzen, Möhren putzen und schälen. Gemüse in feine, gleich lange Streifen schneiden und im kochenden Wasser in 2–4 Min. bissfest blanchieren. Gemüse abgießen, eiskalt abschrecken, abtropfen lassen und mit Salz und Pfeffer würzen.

2 | Lachsscheiben nebeneinander legen, jeweils mit Gemüse belegen und aufrollen.

3 | Für die Sauce Dill waschen und trockenschütteln, die Blättchen fein hacken. Mit Senf und Honig verrühren. Öl nach und nach unterschlagen, so dass eine cremige Sauce entsteht. Mit Salz, Pfeffer und Essig abschmecken und zu den Röllchen servieren.

➤ Beilage: Toastbrot oder kleine Pellkartoffeln

kräuterwürzig

Zander mit Tomaten-Kresse-Sauce

FÜR 4 PERSONEN

➤ Für die Sauce:
2 Tomaten
1 kleine Zwiebel | 1 TL Öl
2 EL Wermut nach Belieben (z. B. Noilly Prat oder Martini)
400 ml Fischfond (Glas)
100 g Sahne
1 EL Speisestärke
ca. 1 EL Zitronensaft
1 kleines Beet Kresse

➤ Für den Zander:
600 g Zanderfilet mit Haut
1 EL Mehl
3 EL Öl zum Braten

➤ Salz | Pfeffer

Zubereitung: 45 Min.
➤ Pro Portion ca.: 310 kcal

1 | Stielansatz der Tomaten entfernen. Tomaten überbrühen, häuten und würfeln. Zwiebel schälen, fein würfeln. Öl erhitzen, Zwiebel darin anbraten. Tomaten kurz mitbraten. Mit Wermut ablöschen. Fond angießen und einköcheln lassen. Sahne mit Speisestärke verrühren und unterrühren. Sauce aufkochen und cremig einköcheln lassen. Mit Zitronensaft, Salz und Pfeffer würzen, kurz beiseite stellen.

2 | Zanderhaut rautenförmig einschneiden. Filets in 8 Stücke teilen, salzen, pfeffern und auf der Hautseite mit Mehl bestäuben. Öl erhitzen, Zander darin auf der Hautseite bei mittlerer Hitze je nach Dicke 3–4 Min. braten, wenden, knapp 1 Min. braten. Auf vorgewärmten Tellern anrichten. Sauce aufkochen lassen und durchrühren. Kresse abschneiden und unterrühren. Sauce zum Fisch servieren.

➤ Beilage: Baguette oder Reis

im Bild vorne: **Zander mit Tomaten-Kresse-Sauce** *im Bild hinten:* **Lachs mit Senf-Honig-Sauce** ➤

Kantinenhit in Light-Version

Panierter Fisch mit Joghurt-Remoulade

FÜR 4 PERSONEN

- **Für die Remoulade:**
  - 2 Eier
  - je 1 TL Kapern und Kapernsud
  - 2 Cornichons
  - je 1/2 Bund Schnittlauch und Petersilie
  - 1 Hand voll Kerbel (nach Belieben)
  - 1 EL Sonnenblumenöl
  - 1 TL Dijon-Senf
  - 200 g Joghurt
  - ca. 1 EL Zitronensaft
- **Für den Fisch:**
  - 600 g Rotbarschfilets
  - 3–4 EL Mehl
  - 100 g Semmelbrösel
  - 2 Eier
  - 1 EL Öl
- **Salz | Pfeffer**
  - Öl zum Ausbacken

Zubereitung: 45 Min.

- Pro Portion ca.: 470 kcal

1 | Für die Sauce die Eier in 10–12 Min. hart kochen und in Eiswasser abkühlen lassen.

2 | Inzwischen Kapern und Cornichons abtropfen lassen und sehr fein hacken. Kräuter waschen und trockenschütteln. Schnittlauch in Röllchen schneiden, Petersilie und Kerbel fein hacken.

3 | Eier pellen und halbieren. Eigelbe herauslösen, mit einer Gabel fein zerdrücken und mit Öl und Senf zu einer Paste verrühren. Joghurt mit dem Schneebesen so lange unterrühren, bis keine Klümpchen mehr vorhanden sind. Kapern, Kapernsud, Cornichons und Kräuter unterrühren. Die Eiweiße sehr fein hacken und unterrühren. Die Remoulade mit Salz, Pfeffer und Zitronensaft abschmecken und kalt stellen.

4 | Rotbarschfilets waschen, trockentupfen, salzen, pfeffern und in 4 Stücke schneiden. Mehl und Semmelbrösel auf zwei tiefe Teller geben. Eier in einem dritten Teller mit dem Öl verquirlen.

5 | Zum Ausbacken Öl in einer großen Pfanne erhitzen. Fischstücke zuerst im Mehl, dann in den Eiern und zuletzt in den Semmelbröseln wenden. Die Fischstücke je nach Dicke in 4–6 Min. von jeder Seite goldbraun ausbacken. Den Fisch auf Küchenkrepp legen, entfetten und mit der Remoulade servieren.

- Beilage: Bratkartoffeln

- Variante: **Sesamfisch mit Asia-Relish**

  Exotik gefragt? Fischfilets mit Limettensaft und Fischsauce würzen. Zum Panieren Semmelbrösel mit 2 EL Sesamsamen mischen. Für das würzig-scharfe Asia-Relish 3 EL Fischsauce mit 1–2 Spritzern Limettensaft verrühren. 2–3 EL Öl unterschlagen. 2 dünne Frühlingszwiebeln und 1/2 Bund Thai-Basilikum waschen und fein hacken. 1 frische rote Chilischote aufschlitzen, entkernen, waschen und in hauchdünne Streifen schneiden. Alles verrühren und als Dip mit Reis zum Fisch servieren.

fenchelwürzig

Doraden auf Tomatensauce

FÜR 4 PERSONEN

➤ **Für die Sauce:**
4–5 reife Tomaten
1 Fenchelknolle mit Grün
2–3 Stängel Petersilie
1 Knoblauchzehe
2 EL Olivenöl
2 TL Fenchelsamen
1/4 l heiße Gemüsebrühe

➤ **Für die Doraden:**
1 Bio-Zitrone
1/2 Bund Petersilie
4 Doraden (à ca. 350 g)

➤ **Salz | Pfeffer**

Zubereitung: 25 Min.
Backzeit: ca. 25 Min.
➤ Pro Portion ca.: 355 kcal

1 | Ofen auf 220° (Umluft 200°) vorheizen. Tomaten überbrühen, häuten und grob würfeln. Fenchel waschen, putzen, in schmale Streifen schneiden. Fenchelgrün und Petersilie waschen, fein hacken. Knoblauch schälen. Öl in einem Bräter erhitzen. Fenchel und -grün, Petersilie und Fenchelsamen darin anbraten. Knoblauch dazupressen.

2 | Tomatenwürfel mit etwas Salz, Pfeffer und 100 ml heißer Brühe dazugeben. Im heißen Ofen (Mitte) 10–15 Min. köcheln lassen, bei Bedarf noch Brühe angießen.

3 | Die Zitrone heiß waschen und halbieren. 1 Hälfte in Scheiben schneiden, den Saft der anderen Hälfte auspressen. Petersilie waschen. Doraden waschen, trockentupfen und zweimal seitlich schräg einschneiden. Mit Salz, Pfeffer und Zitronensaft würzen. Doraden mit Petersilienstängeln und Zitronenscheiben füllen. Auf die Sauce legen, im Ofen (Mitte) in 20–25 Min. garen. Sauce mit Salz und Pfeffer würzen und mit den Doraden im Bräter servieren.

schnell vorbereitet

Lachs mit Wasabisauce

FÜR 4 PERSONEN

➤ **Für die Sauce:**
1/2 Bund Schnittlauch
ca. 3 TL Wasabipaste (Asialaden)
1 EL Limettensaft
1 EL Speisestärke
150 g Crème double | Salz

➤ **Für den Lachs:**
4 Lachsfilets (à ca. 130 g)
1 EL Limettensaft
1 TL Wasabipaste (Asialaden)
4 große Bögen Backpapier oder Alufolie

Zubereitung: 15 Min.
Backzeit: ca. 20 Min.
➤ Pro Portion ca.: 410 kcal

1 | Ofen auf 200° vorheizen. Für die Sauce Schnittlauch waschen, trockenschütteln und in Röllchen schneiden. Wasabipaste mit Limettensaft, Speisestärke, Crème double und etwas Salz glatt verrühren. Den Schnittlauch unterrühren.

2 | Lachsfilets jeweils in die Mitte eines Backpapierbogens legen, mit Limettensaft beträufeln und dünn mit Wasabipaste bestreichen. Gut 1 EL Wasabisauce neben jedes Filet klecksen. Backpapier über den Filets durch Zusammendrehen verschließen. Den Lachs im heißen Ofen (Mitte, Umluft 180°) in 15–20 Min. garen. Lachs und Sauce im Päckchen servieren.

➤ Beilage: Reis

im Bild vorne: **Lachs mit Wasabisauce** *im Bild hinten:* **Doraden auf Tomatensauce** ➤

asiatisch inspiriert

Tunfisch mit Sesam-Soja-Sauce

FÜR 4 PERSONEN

- 4 Tunfischfilets (à ca. 160 g)
  1 EL Limettensaft
  1 EL Sojasauce
  2 EL Öl
- Für die Sauce:
  2 Bund dünne Frühlingszwiebeln
  2 Knoblauchzehen
  1 Stück frischer Ingwer (walnussgroß)
  100 ml Gemüsebrühe
  1 gestr. TL Speisestärke
  3–4 EL Limettensaft
  3–4 EL Sojasauce
  2–3 EL dunkles Sesamöl
  Pfeffer

Zubereitung: 25 Min.
- Pro Portion ca.: 530 kcal

1 | Tunfisch waschen, trockentupfen, mit Limettensaft und Sojasauce beträufeln. Für die Sauce Frühlingszwiebeln putzen und waschen. Weiße und hellgrüne Teile fein hacken, dunkles Zwiebelgrün in dünne Ringe schneiden. Knoblauch und Ingwer schälen, fein hacken.

2 | Fisch abtupfen. Öl erhitzen, Fisch darin von jeder Seite 3–5 Min. braten. Herausnehmen und warm stellen. Helle Zwiebeln, Knoblauch und Ingwer 2–3 Min. im Bratfett andünsten. Mit Brühe ablöschen. Speisestärke mit 3 EL Wasser und Limettensaft verrühren und in die Brühe einrühren. Alles aufkochen lassen. Je 2 EL Sojasauce und Sesamöl unterrühren. Sauce mit dem Rest abschmecken, pfeffern und über den Fisch gießen. Mit Zwiebelgrün bestreuen.

mit Chili-Kick

Grillfisch mit Mango-Kokos-Sauce

FÜR 4 PERSONEN

- Für die Sauce:
  1 Stück frischer Ingwer (walnussgroß)
  1 rote Chilischote
  1/2 sehr reife, weiche Mango
  400 ml ungesüßte Kokosmilch (Dose) | 1 EL Öl
  3 Kaffirlimettenblätter (ersatzweise 1 TL abgeriebene Limettenschale)
  2–3 EL Fischsauce
- Für den Fisch:
  4 feste Fischfilets (à ca. 150 g, z. B. Viktoriabarsch)
  2 EL Öl | Salz | Pfeffer

Zubereitung: 30 Min.
- Pro Portion ca.: 360 kcal

1 | Ingwer schälen und hacken. Chili putzen, entkernen, waschen, in Ringe schneiden. Mango schälen, grob würfeln, mit etwas Kokosmilch pürieren und durch ein Sieb passieren. Öl erhitzen. Ingwer und Chili darin unter Rühren anbraten. Rest Kokosmilch und Mangopüree angießen, 2 Limettenblätter dazugeben, aufkochen und offen in 10 Min. einköcheln lassen. Mit Fischsauce abschmecken. Übriges Limettenblatt in feine Streifchen schneiden.

2 | Backofengrill vorheizen. Auflaufform mit 1/2 EL Öl bepinseln. Fisch hineinlegen, salzen, pfeffern, mit restlichem Öl beträufeln. Filets unter dem Grill 3–5 Min. grillen, wenden, weitere 3–5 Min. grillen. Mit Sauce und Limettenblattstreifen servieren.

- Beilage: Basmati-Reis (Rezept S. 9)

im Bild vorne: Tunfisch mit Sesam-Soja-Sauce *im Bild hinten:* Grillfisch mit Mango-Kokos-Sauce

Lecker! Fleisch mit Sauce

Lieblings-Liaison für Gourmets? Wenn Fleisch auf Sauce trifft! Wir zeigen Ihnen Verbindungen, die köstlich harmonieren – von sanft bis scharf, von Klassik bis Trend. Und mit Minz-Tomaten, Sauce Béarnaise, Nussjoghurt oder Frühlingskräuterschaum werden Kotelett & Co. zu gästefeinen Spezialitäten.

Blitzrezepte

Minutensteaks mit Minz-Tomaten

FÜR 4 PERSONEN

➤ **3 Stängel Minze | 1 Knoblauchzehe | 3 EL Olivenöl | Salz | Pfeffer | 8 Minutensteaks | 3 vollreife Fleischtomaten**

1 | Minze waschen und trockenschütteln, Blättchen in feine Streifen schneiden. Knoblauch schälen, dazupressen und mit 2 EL Öl, Salz und Pfeffer vermischen. Minutensteaks mit der Hälfte der Mischung bestreichen und beiseite stellen.

2 | Für die Sauce Tomaten überbrühen, häuten, entkernen, sehr fein würfeln. Mit übriger Minzemischung verrühren. Fleisch in übrigem Öl von jeder Seite 1–2 Min. braten. Tomatenwürfel miterhitzen und mit den Steaks servieren.

Putenschnitzel mit Zucchinisauce

FÜR 4 PERSONEN

➤ **2 Zucchini | 1 Stange Staudensellerie | 2 TL Butterschmalz | 1 EL Crème fraîche | Salz | Cayennepfeffer | 1–2 TL Zitronensaft | 4 Putenschnitzel (à ca. 120 g) | 2 EL gehackte Zitronenmelisse**

1 | Zucchini und Sellerie waschen, putzen, würfeln. In 1 TL Butterschmalz andünsten, mit 100 ml Wasser in 5–7 Min. garen. Mit Crème fraîche pürieren, mit Salz, Cayennepfeffer und Zitronensaft würzen.

2 | Schnitzel im übrigen Butterschmalz von beiden Seiten 4–5 Min. braten, mit Salz und Cayennepfeffer würzen. Mit Sauce und Zitronenmelisse servieren.

super vorzubereiten

Hähnchenkeulen mit Ajvar

FÜR 4 PERSONEN

➤ **Für die Ajvar-Sauce:**
3 rote Paprikaschoten
1 kleine Aubergine
1 Schalotte
2 Knoblauchzehen
1 rote Chilischote
6 EL Olivenöl
1–2 EL Zitronensaft
➤ **Für die Hähnchenkeulen:**
4 Hähnchenkeulen (à ca. 200 g)
➤ **Salz | Paprikapulver**

Zubereitung: 50 Min.
Kühlzeit: 2 Std.
Backzeit: ca. 30 Min.
➤ Pro Portion ca.: 410 kcal

1 | Ofen auf 220° (Umluft 200°) vorheizen. Paprikaschoten waschen, halbieren und putzen. Mit der Schnittfläche nach unten auf ein Blech legen. Aubergine waschen, mehrmals einstechen und dazulegen. Im Ofen (Mitte) 20–25 Min. backen.

2 | Schalotte und Knoblauch schälen. Chilischote waschen, putzen und entkernen. Alles fein hacken. 1 EL Öl erhitzen, Schalotte, Knoblauch und Chili 15–20 Min. dünsten. Ca. 1 EL Wasser dazugeben.

3 | Gemüse herausnehmen. Paprikahälften 10 Min. ruhen lassen, häuten. Auberginen halbieren. Fruchtfleisch aus der Schale lösen. Mit Paprikaschoten und 1 EL Zitronensaft pürieren. Rest Öl untermixen. Zwiebelmischung unterrühren. Mit Zitronensaft, Salz und Paprikapulver würzen, 2 Std. kalt stellen.

3 | Ofen auf 225° (Umluft 200°) vorheizen. Keulen durchschneiden und mit Salz und Paprikapulver würzen. Im Ofen (Mitte) 25–30 Min. backen. Mit Ajvar servieren.

➤ Beilage: Polenta-Streifen

sahnig-aromatisch

Filets mit Shiitake-Sauce

FÜR 4 PERSONEN

➤ **Für die Sauce:**
1 dünne Stange Lauch
150 g Shiitake-Pilze (ersatzweise braune Champignons)
1 Spritzer Sherry (ersatzweise Worcestersauce)
300 ml Geflügelfond (Glas)
100 g Sahne
1 EL heller Saucenbinder
➤ **Für die Filets:**
4 Hähnchenbrustfilets (à ca. 150 g) | 2 EL Öl
➤ **Salz**
Pfeffer

Zubereitung: 45 Min.
➤ Pro Portion ca.: 300 kcal

1 | Lauch waschen, putzen und in feine Ringe schneiden. Pilze kurz waschen und trockentupfen. Stiele kürzen. Pilze feinblättrig schneiden.

2 | Filets in 8 Stücke schneiden. Öl erhitzen, Filets darin von jeder Seite 4–5 Min. braten. Herausnehmen, salzen, pfeffern und warm stellen.

3 | Lauch und Pilze im Bratfett 2–3 Min. unter Rühren scharf anbraten. Mit Sherry, Fond und Sahne ablöschen, in 5–8 Min. cremig einköcheln lassen, salzen und pfeffern. Eventuell mit Saucenbinder binden. Fleisch in der Sauce erwärmen und servieren.

➤ Beilage: Bandnudeln

im Bild vorne: **Hähnchenkeulen mit Ajvar** *im Bild hinten:* **Filets mit Shiitake-Sauce** ➤

Snack aus Indonesien

Saté-Spieße mit Erdnuss-Sauce

FÜR 4 PERSONEN

➤ **4 kleine Putenschnitzel**
1 TL Sambal oelek
3 EL Kecap manis (süße Sojasauce; ersatzweise Sojasauce und brauner Zucker)
1 EL Öl | 30 Holzspieße

➤ **Für die Sauce:**
1 Schalotte
1 Knoblauchzehe
1–2 große rote Chilischoten
100 g gesalzene, geröstete Erdnusskerne | 1 EL Öl
2 EL Kecap manis
200 ml ungesüßte Kokosmilch (Dose)
1 EL Limettensaft

Zubereitung: 35 Min.
Marinierzeit: mind. 1 Std.
➤ Pro Portion ca.: 380 kcal

1 | Fleisch in dünne, lange Streifen schneiden, wellenförmig auf Holzspieße stecken. In eine viereckige Form legen. Sambal oelek und Kecap manis verrühren. Fleisch darin zugedeckt im Kühlschrank 1–2 Std. marinieren lassen.

2 | Schalotte und Knoblauch schälen. Chilischoten putzen, entkernen und waschen. Alles sehr fein hacken, fast zermusen. Erdnüsse im Mixer fein mahlen. Chilimischung 4–5 Min. im Öl andünsten. Erdnussmehl, 150 ml Wasser, Kecap manis und Kokosmilch unterrühren, einköcheln lassen. Mit Limettensaft, etwas Kecap manis würzen. Öl erhitzen, Fleisch 4–6 Min. braten. Mit Sauce servieren.

➤ Beilage: Basmati-Reis (Rezept S. 9)

kleine feine Vorspeise

Spießchen mit Weißweinsauce

FÜR 4 PERSONEN

➤ **1/2 Bund Salbei**
1 EL Zitronensaft
3 EL Olivenöl
500 g Kalbschnitzelfleisch
150 g Kirschtomaten
12 Holzspieße

➤ **Für die Sauce:**
1 EL Puderzucker
1 EL Zitronensaft
50 ml Weißwein
150 ml Geflügelfond
2 EL eiskalte Butter

➤ **Salz | Pfeffer**

Zubereitung: 35 Min.
Marinierzeit: 2 Std.
➤ Pro Portion ca.: 240 kcal

1 | Salbei waschen und trockenschütteln. 2 Blättchen hacken und mit Zitronensaft, 2 EL Öl, Salz und Pfeffer verquirlen. Fleisch in ca. 2 cm große Würfel schneiden. Tomaten waschen, mit Fleisch und Salbeiblättern auf die Spießchen stecken. Mit Zitronensaft-Mischung beträufeln und 2 Std. im Kühlschrank marinieren lassen. Rest Öl erhitzen, Fleisch darin anbraten, bei schwacher Hitze in 10 Min. durchbraten, herausnehmen und warm stellen.

2 | Puderzucker im Bratfett hell karamellisieren lassen, mit Zitronensaft, Wein und Fond ablöschen und 5 Min. einköcheln lassen. Pfanne vom Herd ziehen. Eiskalte Butter in Flöckchen unterrühren, bis die Sauce leicht sämig wird. Sauce mit Salz und Pfeffer würzen. Mit den Spießchen servieren.

➤ Beilage: Blattsalate und Reis oder Baguette

im Bild vorne: **Spießchen mit Weißweinsauce** *im Bild hinten:* **Saté-Spieße mit Erdnuss-Sauce** ➤

Klassiker wie aus der Profi-Küche

Kalbsmedaillons mit Sauce Béarnaise

FÜR 4 PERSONEN

- **Für die Sauce Béarnaise:**
  - 1 Schalotte
  - 4 Stängel Estragon
  - 150 ml trockenen Weißwein
  - 1 EL Weißweinessig (am besten Estragonessig)
  - 150 g Butter
  - 3 frische, zimmerwarme Eigelbe
  - 1 TL Dijon-Senf
  - 1 TL Pernod (nach Belieben)
- **Für die Kalbsmedaillons:**
  - 1 EL Butter | 2 EL Öl
  - 8 Kalbsmedaillons (à 70–80 g)
- **Salz | Pfeffer**

Zubereitung: 35 Min.

Pro Portion ca.: 600 kcal

1 | Schalotte schälen, grob hacken. Estragon waschen, 3 Stängel grob hacken. Beides mit Wein und dem Essig aufkochen und um die Hälfte einkochen lassen. Abseihen, den Sud etwas abkühlen lassen. Den Rest Estragon fein hacken. Butter schmelzen und aufkochen lassen, vom Herd ziehen, damit sich die Molke absetzen kann.

2 | 1 EL Butter und Öl erhitzen. Medaillons salzen und pfeffern, im Fett kurz von beiden Seiten scharf anbraten und bei schwacher Hitze 2–3 Min. pro Seite weiterbraten. Mit Bratflüssigkeit beträufeln und im Ofen bei 50° warm halten.

3 | Für das Wasserbad einen Topf zur Hälfte mit Wasser füllen und aufkochen lassen. Eine Edelstahlschüssel bereitstellen. Eigelbe mit 50 ml Sud, Salz und Pfeffer in der Schüssel verrühren. Die Schüssel ins heiße Wasserbad setzen, die Eiermischung mit dem Schneebesen schaumig schlagen. Flüssige Butter bis auf den Molkerest nach und nach unterrühren, bis eine dickcremige Sauce entsteht. Bei Bedarf übrigen Kräutersud unterrühren. Sauce mit Salz, Pfeffer, Dijon-Senf und Pernod würzen, gehackten Estragon unterrühren.

- Beilagen: Brokkoli, Möhren und Salzkartoffeln

1 **Eigelb & Sud**

Neben dem Wasserbad mit Salz und Pfeffer verrühren.

2 **Schlagen**

Eiermischung schaumig aufschlagen.

3 **Flüssige Butter**

Butter nach und nach unterrühren.

orientalisch inspiriert

Hackbällchen mit Nussjoghurt

FÜR 4 PERSONEN

➤ 1 Brötchen vom Vortag
1 Schalotte
1 Knoblauchzehe
1 grüne Chilischote
500 g Rinder-Hackfleisch
1 Ei (Größe L)
1 TL gemahlener Kreuzkümmel
1 EL Paprikapulver

➤ Für die Sauce:
1 EL Olivenöl
200 g Sahnejoghurt
100 g Walnusskerne
1 Knoblauchzehe
je 1/2 Bund Petersilie und Koriandergrün

➤ Salz | Pfeffer
Backpapier für das Blech

Zubereitung: 40 Min.

➤ Pro Portion ca.: 575 kcal

1 | Ofen auf 200° vorheizen. Brötchen in Wasser einweichen. Schalotte und Knoblauch schälen, fein hacken. Chilischote waschen, putzen, fein hacken. Brötchen ausdrücken, mit Fleisch, Chili, Schalotte, Knoblauch, Ei, Kreuzkümmel und Paprikapulver vermengen. Fleischteig salzen, pfeffern, daraus ca. 20 Bällchen formen. Auf ein Blech mit Backpapier legen. Im Ofen (Mitte, Umluft 180°) in 25 Min. garen.

2 | Öl und Joghurt glatt rühren. Walnusskerne hacken und unterrühren. Knoblauch schälen, dazupressen. Kräuter waschen und trockenschütteln, Blättchen hacken, unterrühren. Sauce salzen, pfeffern, zu den Bällchen servieren.

➤ Beilage: Kartoffel-Wedges (Rezept S. 9)

auch fürs Grillfest

Koteletts mit Tomatensauce

FÜR 4 PERSONEN

➤ 2–3 Zweige Thymian
1 getrocknete Chilischote
Salz
4 EL Olivenöl
4 Schweinekoteletts ohne Fettrand (à ca. 180 g)

➤ Für die Sauce:
1 Knoblauchzehe
1 Zwiebel
1 getrocknete Chilischote
2 getrocknete Tomaten
3 EL grüne Oliven
2 EL Olivenöl
1 Schuss Weißwein (ersatzweise Traubensaft)
4–5 reife Tomaten

➤ Salz | Pfeffer | Zucker

Zubereitung: 45 Min.

Marinierzeit: 2 Std.

➤ Pro Portion ca.: 360 kcal

1 | Thymian waschen, die Blättchen abstreifen. Chili entkernen und zerkrümeln. Beides mit 1 TL Salz und 2 EL Öl vermischen. Koteletts damit bepinseln und mindestens 2 Std. marinieren lassen.

2 | Knoblauch und Zwiebel schälen, beides hacken. Chili entkernen und zerkrümeln. Getrocknete Tomaten und Oliven würfeln. Alles im Öl 3–4 Min. andünsten. Mit Wein ablöschen. Frische Tomaten häuten, grob würfeln und zur Mischung geben. Sauce offen 15 Min. einköcheln lassen, mit Salz, Pfeffer und Zucker abschmecken.

3 | Koteletts im übrigen Öl von jeder Seite 4–6 Min. braten. Mit Sauce servieren.

➤ Beilage: Polenta-Streifen (Rezept S. 9)

◄ *im Bild vorne:* Koteletts mit Tomatensauce *im Bild hinten:* Hackbällchen mit Nussjoghurt

nichts für Ungeduldige

Spanferkel mit Dunkelbier-sauce

FÜR 4–6 PERSONEN

- **1,4 kg Spanferkelfleisch mit Schwarte ohne Knochen (z. B. Schlegel, Schwarte vom Metzger rautenförmig einschneiden lassen)**
  je 1 TL getrockneter Majoran und Kümmel
- **Für die Sauce:**
  2 Möhren
  1 Petersilienwurzel
  1 Zwiebel
  1/2 Laugenbrezel
  2–3 Spareribs
  1 EL Butterschmalz
  1/2 l heiße Fleischbrühe
  1/2 l dunkles Weizenbier (kein Malzbier)
  1 EL dunkler Saucenbinder (nach Belieben)
- **Salz | Pfeffer | Zucker**

Zubereitung: 2 Std. 30 Min.
Ruhezeit: über Nacht
- Bei 6 Personen pro Portion ca.: 920 kcal

1 | Fleisch mit Salz, Pfeffer, Majoran und Kümmel einreiben. Zugedeckt über Nacht ruhen lassen.

2 | Am nächsten Tag den Backofen auf 180° vorheizen (Umluft ungeeignet). Für die Sauce Möhren, Petersilienwurzel und Zwiebel schälen, putzen und würfeln. Brezel zerkleinern. Spareribs teilen. Mit Gemüse und Brezelstückchen im heißen Butterschmalz in einem Bräter bei starker Hitze anrösten. Spanferkelfleisch von jeder Seite mitbraten, mit der Schwarte nach oben auf das Gemüse legen. Jeweils etwas Brühe und Bier angießen.

3 | Im heißen Ofen (2. Schiene von unten) 1 Std. 50 Min. braten. Dabei die Schwarte mehrmals mit Bratflüssigkeit übergießen und bei Bedarf etwas Brühe und ca. 1/4 l Bier angießen. Die Ofentemperatur auf 225° erhöhen. Braten mit 1 Schuss Bier begießen, in einen anderen Bräter setzen und noch 10–15 Min. im heißen Ofen weiterbraten, bis die Schwarte schön braun und knusprig ist. Den Braten im ausgeschalteten Backofen ruhen lassen.

4 | Für die Sauce Bratflüssigkeit mit Gemüse fast vollständig einkochen lassen. Bratensatz mit restlichem Bier und restlicher Brühe loskochen. Flüssigkeit bei starker Hitze erneut einkochen lassen. Sauce durch ein Sieb passieren, eventuell noch ein wenig einköcheln lassen. Mit Salz, Pfeffer und Zucker würzen, nach Belieben mit Saucenbinder binden. Braten aufschneiden (am besten mit einem elektrischen Messer) und mit der Sauce servieren.

- Beilage: Kartoffelknödel

TIPPS

Große Braten – großartige Sauce

- Sie müssen kein ganzes Spanferkel zubereiten, doch das Fleischstück sollte schon XXL sein. Nur so gelingt der Spanferkelbraten schön saftig, und die Sauce wird herrlich aromatisch.
- Statt Spanferkelbraten können Sie auch Schweinefleisch mit Weizenbier zubereiten. Rechnen Sie für 1,4 kg Fleisch jedoch mit einer längeren Garzeit. Bei 180° darf der Braten bis zu 2 1/2 Std. im Ofen bleiben.

für Gourmets

Rehfilet mit Portwein-Orangen-Sauce

FÜR 4 PERSONEN

- **Für die Sauce:**
  - 2 Zweige Rosmarin
  - 1 Saftorange (+ Orangenscheiben zum Garnieren)
  - 150–160 ml Portwein
  - 300 ml Wildfond (Glas)
  - 1–2 EL Orangenlikör (z. B. Cointreau, ersatzweise Orangenmarmelade)
  - 1–2 EL Saucenbinder
  - 1 TL Honig
- **Für das Fleisch:**
  - je 1 EL Piment- und Pfefferkörner
  - 1 Rehfilet (ca. 500 g)
  - 1 EL Butterschmalz
- **Salz**

Zubereitung: 40 Min.

- Pro Portion ca.: 290 kcal

1 | Für die Sauce Rosmarin waschen. Saft der Orange auspressen. Mit 150 ml Portwein, Wildfond und Rosmarin bei starker Hitze aufkochen und bei mittlerer Hitze in 5 Min. auf knapp die Hälfte einkochen lassen. Beiseite stellen.

2 | Für das Fleisch die Gewürze in einem Mörser grob zerstoßen und mit 1 TL Salz mischen. Das Filet damit einreiben. Das Butterschmalz in einer großen Pfanne stark erhitzen. Filet darin ca. 2 Min. rundherum scharf anbraten, bei schwacher Hitze in weiteren 8–10 Min. fertig braten, dabei einige Mal wenden. Das Filet in Alufolie wickeln und warm stellen.

3 | Für die Sauce Bratfett mit 1 EL Orangenlikör ablöschen. Reduzierten Portwein-Fond angießen und aufkochen, nach Belieben noch würziger einköcheln lassen. Rosmarin rausfischen. 1 EL Saucenbinder in den kochenden Fond rühren. Falls nötig, mehr Saucenbinder verwenden. Mit Salz, Honig und eventuell noch etwas Portwein oder Orangenlikör abschmecken.

4 | Das Filet auswickeln, den Bratensaft zur Sauce gießen. Das Fleisch in dicke Scheiben schneiden und auf vorgewärmten Tellern mit der Sauce und nach Belieben mit Orangenscheiben garniert servieren.

- Beilage: Spätzle oder Kartoffelgratin (Rezept S. 9)

TIPPS

Aus der Profiküche

- **Sauce mit Butter binden:** Portwein-Fond auf knapp 150 ml Flüssigkeit zu einer würzig-intensiven Basis einköcheln lassen. 80–100 g eiskalte Butter nach und nach mit dem Schneebesen unterrühren, bis die Sauce eine cremige Konsistenz und einen schönen Glanz hat.
- **Pfifferling-Sauce:** Für den Klassiker zu Wild 200 g Pfifferlinge putzen, Stiele kürzen. Mit 1 EL Mehl bestäuben (bindet Schmutz), in stehendem Wasser waschen, abbrausen und abtrocknen. 2 kleine Schalotten schälen, würfeln. Pfifferlinge eventuell halbieren, mit Schalotten, 1 EL Thymianblättchen und 3 EL gehackter Petersilie in 1 EL Öl anbraten. Mit 1 Schuss Cognac ablöschen. 50 ml dunklen Traubensaft und 100 g Sahne dazugießen, in 3–5 Min. cremig einköcheln lassen. Sauce mit Salz und Pfeffer würzen, sofort servieren.

im Bild vorne: **Rehfilet mit Portwein-Orangen-Sauce** *im Bild hinten:* **Pfifferling-Sauce**

Sonntagsessen

Lammkeule mit Frühlingskräuterschaum

FÜR 4–6 PERSONEN

➤ 1/2 Bio-Zitrone
1 EL Pfefferkörner
Muskatnuss, frisch gerieben
1,2 kg Lammkeule ohne Knochen
2 Bund Suppengrün
2 l leichte Fleischbrühe
200 ml Weißwein
2 Lorbeerblätter

➤ Für die Sauce:
350 ml Fleischsud (ersatzweise Lammfond aus dem Glas)
250 g Sahne
1 EL Saucenbinder
1 Hand voll Kerbel
1/2 Bund Schnittlauch
Weißwein (nach Belieben)

➤ Salz | Pfeffer
Muskatnuss, frisch gerieben | Küchengarn

🕓 Zubereitung: 3 Std. 20 Min.

➤ Bei 6 Personen pro Portion ca.: 630 kcal

1 | Zitronenhälfte waschen, 1 TL Schale abreiben, den Rest in dünne Scheiben schneiden. 1 TL Pfefferkörner grob zerstoßen, mit 1 TL Salz, Muskat und Zitronenschale mischen. Fleisch damit einreiben, aufrollen, mit Küchengarn zusammenbinden.

2 | Suppengrün gründlich waschen und putzen, falls nötig schälen und grob klein schneiden. Brühe mit Wein aufkochen lassen. Suppengrün, Zitronenscheiben, Lorbeerblätter und übrige Pfefferkörner 2–3 Min. mitkochen. Lammkeule hineingeben, zugedeckt bei schwacher Hitze 2 1/2 Std. ziehen lassen.

3 | Für die Sauce nach ca. 2 Std. Garzeit den Fleischsud durch ein Sieb in einen Extra-Topf gießen, offen um gut die Hälfte einköcheln lassen. 150 g Sahne erhitzen, zum Fleischsud gießen und zu einer würzigen, leicht cremigen Sauce reduzieren. Eventuell mit etwas Saucenbinder binden. Rest Sahne schlagen. Kräuter waschen und trockenschütteln. Kerbel hacken, Schnittlauch in feine Röllchen schneiden.

4 | Das Fleisch in dünne Scheiben schneiden. Sauce mit Wein, Salz, Pfeffer und Muskat würzen. Mit dem Schneebesen leicht schaumig aufschlagen, geschlagene Sahne und Kräuter unterrühren. Kräuterschaum zum Fleisch servieren.

TIPPS

Noch mehr Kräuterfrische

➤ Zu gekochtem Fleisch passt auch eine **Salsa verde**. Dafür je 1 Bund Petersilie und Basilikum sowie ein paar Stängel Zitronenmelisse waschen, die Blättchen abzupfen. 2 Knoblauchzehen schälen. 4 Sardellenfilets in Öl abtropfen lassen. Kräuter, Knoblauch und Sardellen mit 1 EL Kapern, 2 EL Semmelbröseln und 6 EL Olivenöl pürieren. 3–5 EL Gemüsebrühe untermixen.

➤ Für **Minzsauce** 1 dickes Bund Pfefferminze waschen, die Blättchen abzupfen, mit 4–5 EL Fleischsud übergießen. Mischung so lange ziehen lassen, bis sie abgekühlt ist. Mit 3 EL Weißweinessig und 1 TL Zucker pürieren. Mit Zucker und Weißweinessig abschmecken.

im Bild vorne: **Lammkeule mit Frühlingskräuterschaum** *im Bild hinten:* **Minzsauce** ➤

Himmlisch! Süßes mit Sauce

Mal fruchtig, mal sahnig, mal herrlich schokoladig: Mit Saucen werden Törtchen, Cremes und zart schmelzende Parfaits zum Drei-Sterne-Dessert. Zum Reinlegen gut! Und wer von den süßen Saucen gar nicht genug bekommen kann, genießt sie auch mal solo. Denn fein-cremige Sabayon schmeckt auch ohne Beeren-Tartelett einfach göttlich.

Blitzrezepte

Spießchen mit Piña Colada

FÜR 4 PERSONEN

➤ 1/2 frische Ananas | 1 Hand voll Physalis | 2 Bananen | 1 EL Limettensaft
200 g Mascarpone | 1 EL Zucker
4 EL Kokoslikör | ca. 100 ml Ananassaft
kleine Holzspießchen

1 | Ananashälfte längs vierteln, jeweils vom harten Strunk befreien, schälen und in Stücke schneiden. Physalis schälen, waschen. Banane schälen, in Stücke schneiden. Früchte abwechselnd auf Spießchen stecken und mit Limettensaft beträufeln.

2 | Mascarpone mit Zucker, Likör und 50 ml Ananassaft mit dem Handrührgerät glatt verrühren, eventuell mehr Saft unterrühren. Zu den Spießchen servieren.

Nektarinen mit Schokosauce

FÜR 4 PERSONEN

➤ 50 g Sahne | 50 ml Milch | 100 g Zartbitterschokolade | 2 EL Mandelblättchen | 2 reife Nektarinen | 4 Kugeln Vanilleeis

1 | Sahne und Milch aufkochen lassen. Schokolade in Stücke brechen, nach und nach unterrühren und in der Sahnemilch auflösen. Sauce etwas abkühlen lassen.

2 | Mandelblättchen rösten. Nektarinen waschen, abtrocknen, halbieren, entkernen, in Schnitze schneiden und auf vier Gläser oder Schälchen verteilen. Je 1 Kugel Eis dazugeben. Schokosauce darüber träufeln und alles mit Mandelblättchen bestreuen.

mit Chili-Kick

Schoko-Parfait mit Sauer-kirsch-Sauce

FÜR 4 PERSONEN

➤ **Für das Parfait:**

100 g Zartbitterkuvertüre

30 g Zartbitterschokolade (nach Belieben Chili-Schokolade)

1/4 getrocknete Chili-schote

200 g Sahne

2 frische Eigelbe (Größe M)

2 EL Milch | 1 EL Zucker

1 EL dunkles Kakaopulver

➤ **Für die Sauce:**

150 g Schattenmorellen (Glas)

100 ml Schattenmorellen-saft (Glas)

1 Schuss Cassis oder dunkler Traubensaft

1 Gewürznelke

1 gestr. EL Speisestärke

Zubereitung: 40 Min.
Gefrierzeit: 3 Std.
➤ Pro Portion ca.: 405 kcal

1 | Kuvertüre im Wasserbad oder in der Mikrowelle schmelzen lassen. Schokolade in Stückchen hacken. Chilischote entkernen und im Mörser fein zerstoßen.

2 | Sahne steif schlagen. Ein Wasserbad vorbereiten (Seite 43). Einen zweiten Topf mit Eiswasser füllen. In einer Edelstahlschüssel Eigelbe mit Milch und Zucker verrühren.

3 | Die Eiermischung über dem heißen Wasserbad schaumig schlagen. Die Kuvertüre unterrühren. Schüssel ins Eiswasser setzen, weiterschlagen, bis die Masse kalt ist. Schokostückchen, Chilischrot und Sahne unterziehen. Masse in 4 kältefeste Förmchen füllen und mindestens 3 Std. tiefgefrieren.

4 | Kirschen mit Saft, Cassis oder Traubensaft und Nelke fein pürieren, durch ein Sieb in einen Topf passieren. Mischung aufkochen lassen. Speisestärke mit etwas Wasser verrühren, dazugeben und unter Rühren aufkochen lassen. Zugedeckt abkühlen lassen, ab und zu umrühren.

5 | Zum Servieren die Förmchen in heißes Wasser tauchen. Das Parfait auf Dessertteller stürzen, mit der Sauerkirschsauce umgießen und mit Kakaopulver bestäubt servieren.

➤ Variante: **Vanillesauce**

Verzichten Sie beim Parfait auf die Chilinote und servieren Sie Vanillesauce dazu: 1/2 l Milch und 3 EL Zucker aufkochen lassen. 1 Vanilleschote aufschlitzen, das Mark herauskratzen. Beides zur Milch geben und bei schwacher Hitze 2–3 Min. ziehen lassen. Schote herausnehmen. 3 EL Speisestärke mit etwas Wasser verrühren. Unter die Vanillemilch rühren und aufkochen lassen, vom Herd ziehen. 2 sehr frische Eigelbe verquirlen und unter die Sauce rühren.

TIPPS

➤ Witzig: Parfait in Eis-am-Stiel-Plastikförmchen oder hohen Gläsern mit je 1 Holzstielchen tiefgefrieren. Aus den Förmchen nehmen, auf Teller legen, Sauce im Schälchen als Dip dazu servieren.

➤ Noch fruchtiger: Kirschenfans erhitzen in der Sauce noch ein paar ganze Schattenmorellen aus dem Glas.

beerenstark im Frühsommer

Cremet mit Erdbeer-Ingwer-Sauce

FÜR 4 PERSONEN

➤ **250 g Magerquark**
200 g Crème fraîche
1 TL fein abgeriebene Orangenschale
2 frische Eiweiße
Salz | 2 EL Puderzucker

➤ **Für die Sauce:**
250 g Erdbeeren
1 TL frisch geriebener Ingwer
1 EL Orangenlikör (z. B. Cointreau, ersatzweise Orangensaft)
1–2 EL brauner Zucker
Minzeblättchen zum Garnieren

◷ Zubereitung: 20 Min.
◷ Abtropfzeit: über Nacht
➤ Pro Portion ca.: 305 kcal

1 | Quark mit Crème fraîche und Orangenschale mit dem Schneebesen glatt rühren. Die Eiweiße mit 1 Prise Salz steif schlagen, Puderzucker unterschlagen. Eischnee mit einem Holzlöffel unter die Quarkcreme heben. Ein Sieb mit einem Mulltuch auslegen, Quarkcreme darin über einer Schüssel im Kühlschrank über Nacht abtropfen und gut durchkühlen lassen.

2 | Am nächsten Tag für die Sauce Erdbeeren waschen und entstielen. Schöne kleine Beeren zum Garnieren beiseite legen, den Rest mit Ingwer, Likör und braunem Zucker fein pürieren.

3 | Mit zwei angefeuchteten Esslöffeln Nocken aus der Cremet abstechen und auf Dessertteller setzen. Cremet-Nocken mit Sauce umgießen und mit Erdbeeren und Minzeblättchen garnieren.

Konkurrenz zu Schlagsahne

Beeren-Tarteletts mit Sabayon

FÜR 4 PERSONEN

➤ **200 g gemischte frische Beeren (z. B. Brombeeren, Waldbeeren und kleine Erdbeeren)**
4 Tarteletts (vom Bäcker oder aus dem Supermarkt)
4 TL Himbeerkonfitüre
1 EL Puderzucker

➤ **Für die Sabayon:**
3 frische Eigelbe
50 g Puderzucker
60 ml trockener Weißwein (am besten zimmerwarm)
1 EL Zitronenlikör (ersatzweise Zitronensaft)

◷ Zubereitung: 15 Min.
➤ Pro Portion ca.: 290 kcal

1 | Die Beeren in einem Sieb vorsichtig waschen, putzen und abtropfen lassen. Die Tarteletts mit je 1 TL Konfitüre bestreichen. Die Früchte darauf verteilen und leicht festdrücken. Beeren mit Puderzucker überstäuben.

2 | Für die Sabayon ein Wasserbad vorbereiten (Seite 43). Einen Topf mit Eiswasser füllen. Die Eigelbe in eine Edelstahlschüssel geben, Zucker darüber stäuben und beides cremig verrühren. Mischung über dem heißen Wasserbad weiterrühren, dabei nach und nach den Wein unterrühren und alles dickschaumig aufschlagen. Zitronenlikör unterrühren. Schüssel ins Eiswasser setzen und Sabayon kalt rühren. Sofort zu den Tarteletts servieren.

im Bild vorne: **Cremet mit Erdbeer-Ingwer-Sauce** *im Bild hinten:* **Beeren-Tarteletts mit Sabayon** ➤

Welche Sauce passt ...

Mix it!

Sie lieben Pilze, mögen aber kein Geflügel? Dann probieren Sie die Shiitake-Sauce von Seite 38 doch mal zu Gnocchi. Die Rezepte lassen sich untereinander und auch mit anderen Spezialitäten kombinieren – ganz nach Laune, Appetit und Marktangebot! Genießen Sie die süßen Saucen (Seite 53–57) z. B. zu Vanille- oder Fruchteis.

Und hier noch mehr Ideen ...

... zu Pasta?

- Tortellini: Mascarpone-Rucola-Sauce (S. 12)
- Makkaroni: Fontinasauce (S. 17)
- Penne: Ratatouille-Coulis (S. 24, eventuell mit etwas Nudelwasser verdünnen)
- Spaghetti: Tomaten-Kresse-Sauce (Seite 28)
- Linguine: Tomatensauce (S. 32, im Ofen ohne Fisch zubereiten)
- Pappardelle: Portwein-Orangen-Sauce (S. 49)

... zu Fleisch?

Außer Frühlingskräuterschaum und Salsa verde (beide Seite 50) passen zu gekochtem Fleisch:

- Zucchinisauce (S. 37)
- Tomatensauce (S. 45, kalt oder warm dazu servieren)
- Sauce Béarnaise (S. 43)
- Joghurt-Remoulade (S. 31)

... zu Artischocken?

Artischocken wie auf Seite 17 beschrieben zubereiten und statt mit Sellerie-Salsa (ebenfalls S. 17) dippen mit:

- Zitronen-Mayo (S. 23)
- Schnittlauch-Schmand (S. 18)
- Minz-Mandel-Sauce (S. 20)
- Kräuter-Kapern-Sauce (Tipp S. 12)

... zu Spargel?

Außer Mascarpone-Rucola-Sauce, Hollandaise oder Kräuter-Kapern-Sauce (alle S. 12) die Stangen mal genießen mit:

- Weißweinsauce (S. 40)
- Sauce Béarnaise (S. 43)
- Frühlingskräuterschaum (S. 50; statt mit reduziertem Fleischsud mit ca. 100 ml Gemüsebrühe und Spargelwasser zubereiten)

... zu Schnitzel und Steak?

Gut zu kurz gebratenem Fleisch:

- Tomatensauce (S. 45)
- Pfifferling-Sauce (Tipp S. 49)
- Shiitake-Sauce (S. 38)
- Portwein-Orangen-Sauce (S. 49)
- Weißweinsauce (S. 40)
- Ajvar (S. 38)

... zu Gnocchi?

Gnocchi nach Packungsanweisung zubereiten und mit oder ohne Fleisch, Gemüse oder Fischbeilage servieren zu:

- Mascarpone-Rucola-Sauce (S. 12)
- Ratatouille-Coulis (S. 24)
- Tomaten-Kresse-Sauce (S. 28)
- Basilikum-Kartoffel-Sauce (S. 26)
- Shiitake-Sauce (S. 38)

... zu Pellkartoffeln?

Dazu passt nicht nur Stippe (auf Seite 14 mit Kartoffeln aus dem Ofen kombiniert), sondern auch:

- Schnittlauch-Schmand (S. 18)
- Bagna Cauda (S. 20)
- Joghurt-Remoulade (S. 31)
- Nussjoghurt (S. 45)

... Fondue und Grillfest?

Hier ein paar Multitalente, die sich mit vielen Spezialitäten vertragen und gut vorbereiten lassen.

- Nussjoghurt (S. 45)
- Ratatouille-Coulis (kalt servieren, S. 24)
- Tomatensauce (S. 45, kalt oder warm servieren)
- Asia-Relish (Variante S. 31)
- Joghurt-Remoulade (S. 31)

... zu Gemüsechips?

Statt Süßkartoffeln (S. 14) mal dünne Scheibchen von fest kochenden Kartoffeln, Petersilienwurzeln, Pastinaken oder Knollensellerie ausbraten. Dazu:

- Tomatensauce (S. 45, kalt oder warm dazu servieren)
- Schnittlauch-Schmand (S. 18)
- Joghurt-Remoulade (S. 31)

... zu Knusperbrot?

Baguette in Scheiben schneiden und im vorgeheizten Backofen bei 225° ca. 4 Min. rösten. Oder Fladenbrot im Ofen knusprig aufbacken und in schmale Streifen schneiden. Dazu:

- Ajvar (S. 38)
- Nussjoghurt (S. 45)
- Avocadosauce (S. 14)
- Tomatensauce (S. 45)

... zu gedünstetem Fisch?

Dazu passen nicht nur die Saucen aus dem Fischkapitel (Seite 23–34), sondern auch:

- Sellerie-Salsa (S. 17)
- Safranschaum (S. 18)
- Minz-Mandel-Sauce (S. 20)
- Weißweinsauce (mit Fischfond zubereiten, S. 40)

Zum Gebrauch

Damit Sie Rezepte mit bestimmten Zutaten noch schneller finden können, stehen in diesem Register zusätzlich auch beliebte Zutaten wie **Honig** und **Zucchini** – ebenfalls aphabetisch geordnet und **hervorgehoben** – über den entsprechenden Rezepten.

Die Autorin

Susanne Bodensteiner, Literaturwissenschaftlerin und leidenschaftliche Köchin, war Redakteurin bei der größten Zeitschrift für Essen und Trinken. Seit vielen Jahren arbeitet sie als freie Food-Autorin und Lektorin. Täglich kocht sie für große Saucenfans: für Ehemann und Söhne.

Die Fotografin

Michael Brauner arbeitete nach Abschluss der Fotoschule in Berlin als Fotoassistent bei namhaften Fotografen in Frankreich und Deutschland, bevor er sich 1984 selbstständig machte. Sein individueller, atmosphärereicher Stil wird überall geschätzt: in der Werbung ebenso wie bei Verlagen.

Bildnachweis

Titelbild: Jörn Rynio, Hamburg
Alle anderen: Michael Brauner, Karlsruhe

Vielen Dank!

Wir danken der Firma Braun GmbH für ihre Unterstützung.

Titelbild

Das Rezept »Sonntagsgemüse mit Safranschaum« finden Sie auf Seite 18.

Programmleitung: Doris Birk
Leitende Redakteurin: Birgit Rademacker
Redaktion: Sabine Schlimm
Lektorat: Maryna Zimdars, Redaktionsbüro München
Layout, Typografie und Umschlaggestaltung: Independent Medien Design, München
Satz: Uhl + Massopust, Aalen
Herstellung: Martina Müller
Reproduktion: Repro Ludwig, Zell am See
Druck und Bindung: Druckhaus Kaufmann, Lahr

ISBN (10): 3-8338-0074-7
ISBN (13): 978-3-8338-0074-0

Auflage 5. 4. 3. 2. 1.
Jahr 2010 09 08 07 06

GRÄFE UND UNZER

Ein Unternehmen der
GANSKE VERLAGSGRUPPE

Das Original mit Garantie

Ihre Meinung ist uns wichtig. Deshalb möchten wir Ihre Kritik, gerne aber auch Ihr Lob erfahren. Um als führender Ratgeberverlag für Sie noch besser zu werden. Darum: Schreiben Sie uns! Wir freuen uns auf Ihre Post und wünschen Ihnen viel Spaß mit Ihrem GU-Ratgeber.

Unsere Garantie: Sollte ein GU-Ratgeber einmal einen Fehler enthalten, schicken Sie uns das Buch mit einem kleinen Hinweis und der Quittung innerhalb von sechs Monaten nach dem Kauf zurück. Wir tauschen Ihnen den GU-Ratgeber gegen einen anderen zum gleichen oder ähnlichen Thema um.

GRÄFE UND UNZER VERLAG
Redaktion
Kochen & Verwöhnen
Postfach 86 03 25
81630 München
Fax: 089/41981-113
e-mail: leserservice@graefe-und-unzer.de

GU KÜCHENRATGEBER

Neue Rezepte für den großen Kochspaß

ISBN (10) 3-8338-0073-9
ISBN (13) 978-3-8338-0073-3

ISBN (10) 3-7742-4886-9
ISBN (13) 978-3-7742-4886-1

ISBN (10) 3-7742-6617-4
ISBN (13) 978-3-7742-6617-9

ISBN (10) 3-7742-4905-9
ISBN (13) 978-3-7742-4905-9

ISBN (10) 3-7742-8790-2
ISBN (13) 978-3-7742-8790-7

ISBN (10) 3-7742-5762-0
ISBN (13) 978-3-7742-5762-7

64 Seiten, 7,50 € [D]

Das macht die GU Küchenratgeber zu etwas Besonderem:

- *Rezepte mit maximal 10 Hauptzutaten*
- *Blitzrezepte in jedem Kapitel*
- *alle Rezepte getestet*
- *Geling-Garantie durch die 10 GU-Erfolgstipps*

GU

Willkommen im Leben.

Geling-Garantie für leckere Saucen

DIE QUALITÄT MACHT'S

- Eine Sauce ist nur so gut wie ihre Zutaten. Wählen Sie nur topfrisches Gemüse und Kräuter.
- Prüfen Sie den Vorrat: Duften die Gewürze? Ist der Knoblauch noch prall und fest? Sind die Nüsse frisch? Achten Sie aufs Haltbarkeitsdatum: Verdorbene Sahne kann die Sauce ruinieren!

SONNENAROMA

- Beste Zeit für würzige Tomatensaucen: Juli bis Oktober. Sonnengereifte Tomaten leuchten kräftig rot und dürfen gelbe Fleckchen haben. Hier haben Blätter das Sonnenlicht gefiltert.
- Im Winter Dosentomaten nehmen. Aus blassen Treibhausfrüchten wird niemals eine gute Sauce.

FÜR NOCH MEHR GENUSS!

- Mit Brühe und Fond, einem Schuss Rot- oder Weißwein, Tomatenwürfeln oder pürierten Tomaten und etwas Sahne lassen sich Saucen meist schnell verlängern. Bei Bedarf warme Sauce erneut aufkochen lassen, mit hellem oder dunklem Saucenbinder binden und nachwürzen.

COOL SERVIERT

- Aromaplus für kalte Saucen und Dips: Sie gewinnen oft durch Ruhe an Geschmack. Saucen vorbereiten und im Kühlschrank gut durchziehen lassen. 10–15 Min. vor dem Servieren aus dem Kühlschrank nehmen.